Kleine Diogenes Taschenbücher 70050

de
te
be

Die Bergpredigt

Aktuelle Texte
aus dem Neuen Testament

Herausgegeben von
Christian Strich
Mit einem Vorwort
von H. G. Wells

Diogenes

Das Vorwort besteht aus zwei Kapiteln der
Kleinen Weltgeschichte von H. G. Wells
Abdruck mit freundlicher Genehmigung des
Paul Zsolnay Verlags, Wien
Die Texte aus dem Neuen Testament folgen der
revidierten Luther-Übersetzung von 1964
Abdruck mit freundlicher Genehmigung des Rates
der Evangelischen Kirche in Deutschland
Die vorliegende Auswahl erschien zuerst 1973
unter dem Titel *Über Gott und die Welt*,
1980 unter dem Titel *Die Bergpredigt* im
Diogenes Verlag
Umschlagillustration: Fra Angelico, ›Der Altar
von Santa Trinità, Kreuzabnahme‹, 1437–40
(Ausschnitt)

Veröffentlicht als
Kleines Diogenes Taschenbuch, 1996

500/96/51/1
ISBN 3 257 70050 4

Inhalt

Vorwort
von H. G. Wells

Die Lehre Jesu und die Entwicklung des doktrinären Christentums

Zur Zeit, da Augustus Cäsar, der erste römische Kaiser, regierte, wurde Jesus, der Christus der Christenheit, in Judäa geboren. In seinem Namen erstand eine Religion, die die offizielle Religion des ganzen Römischen Reiches werden sollte.

Man tut gut daran, Geschichte und Theologie voneinander zu trennen. Ein großer Teil der Christenheit glaubt, daß Jesus menschgewordener Gott gewesen sei, eine Inkarnation jenes Gottes der ganzen Welt, den die Juden als ersten unter den Menschen erkannt hatten. Der Geschichtsschreiber, der auf dem Boden der Geschichte bleiben will, kann dieser Auslegung weder zustimmen noch sie leugnen. Jesus erschien in der Gestalt eines Menschen, und als Menschen hat der Geschichtsschreiber ihn zu schildern.

Während der Regierungszeit des Tiberius Cäsar begann er in Judäa zu wirken. Er war ein Prophet. Er predigte in der Art der früheren jüdischen Propheten. Damals war er etwa dreißig Jahre alt; über seine Lebensführung vor der Zeit, da er zu predigen begann, wissen wir nicht das geringste.

Die einzigen direkten Quellen, die uns Aufschluß geben über das Leben und die Lehre Jesu, sind die vier Evangelien. Alle vier geben uns übereinstimmend das Bild einer scharf umrissenen Persönlichkeit. Man fühlt es deutlich: »Dies war ein Mensch. Dies konnte nicht erfunden werden.«

Ebenso wie die Persönlichkeit Gautama Buddhas verzerrt und verdunkelt worden ist durch das steife, hockende Bild, das vergoldete Idol des späteren Buddhismus, so wird die hagere, leidenschaftlich angespannte Erscheinung Jesu – das fühlt man – entstellt durch die Unwirklichkeit und Herkömmlichkeit, die die moderne christliche Kunst seiner Gestalt in irriger Ehrfurcht aufgedrückt hat. Jesus war ein bettelarmer Prediger, der durch das staubige, sonnenverbrannte Land Judäa wanderte und von gelegentlichen milden Gaben lebte. Und doch wird er immer peinlich sauber und gekämmt dargestellt, in glattem, fleckenlosem

Gewand, aufrecht und mit etwas Unbeweglichem an sich, als ob er durch die Luft glitte. Das allein hat ihn schon unwirklich und unglaubhaft gemacht, besonders für Leute, die den Kern der Geschichte von verzierenden und albernen Ausschmückungen törichter Frommer nicht unterscheiden können.

Wenn wir nun die Erzählung des krausen Beiwerks entkleiden, bleibt uns eine Gestalt übrig, sehr menschlich, sehr ernst, leidenschaftlich, plötzlicher Zornesaufwallungen fähig; ein Mensch, der eine neue, einfache und tiefe Lehre predigt, nämlich die weltumfassende, liebende Vaterschaft Gottes und das künftige Königreich des Himmels auf Erden. Sicher war er ein Mann von starker suggestiver Persönlichkeit. Er zog Jünger an sich und erfüllte sie mit Liebe und Mut. Schwache und leidende Menschen wurden durch seine Gegenwart gestärkt und geheilt. Doch dürfte er selbst von zarter Konstitution gewesen sein, denn er starb unter den Schmerzen der Kreuzigung außerordentlich schnell. Es gibt eine Überlieferung, die besagt, daß er ohnmächtig wurde, als er dem Brauche nach sein Kreuz selbst zum Richtplatz tragen mußte. Drei Jahre wanderte er durch das Land, um seine Lehre zu verkünden, dann kam er nach Jerusalem und wurde angeklagt, er versuche ein neues Reich in Judäa zu errichten. Er wurde ob dieser Anklage verhört, gerichtet und mit zwei Dieben zusammen gekreuzigt. Lange ehe diese starben, hatte er ausgelitten.

Die Lehre vom Himmelreich auf

Erden, die Hauptlehre Jesu, ist sicher eine der revolutionärsten Lehren, die je das menschliche Denken bewegt und verändert haben. Es ist kein Wunder, daß die damalige Welt ihre volle Bedeutung nicht erfassen konnte und selbst vor einem halben Verstehen bestürzt zurückwich, vor einem Verstehen ihrer schrecklichen Angriffe auf die eingebürgerten Gewohnheiten und Einrichtungen der Menschheit. Denn die Lehre vom Himmelreich auf Erden, wie Jesu sie gepredigt zu haben scheint, war nichts weniger als die kühne und unbedingte Forderung einer vollkommenen Veränderung und Reinigung des menschlichen Lebens, einer höchsten Reinigung, innerlich und äußerlich. Der Leser muß zu den Evangelien greifen, um das zu finden, was von dieser mächtigen Lehre erhalten ist. Hier beschäftigen wir uns nur mit dem Widerstreit dieser Lehre und den herrschenden Ideen.

Die Juden waren davon überzeugt, daß Gott, der *eine* Gott der ganzen Welt, ein gerechter Gott sei; aber sie dachten ihn sich auch als einen Gott, der mit sich handeln läßt, der mit ihrem Vater Abraham einen Vertrag abgeschlossen hatte, einen für sie recht günstigen Vertrag, der ihnen schließlich die Vorherrschaft in der Welt bringen sollte. Mit Bestürzung und Zorn hörten sie, wie Jesus ihnen ihre teuren Vorrechte nehmen wollte. Mit Gott, lehrte er, sei kein Vertrag zu schließen, es gäbe kein auserwähltes Volk und keine Günstlinge im Himmelreich Gottes. Gott sei der liebende Vater alles dessen, was da lebt, alle gleichmäßig umfassend wie die Sonne, die allen scheint. Und alle Menschen seien Brüder, alle Sünder, aber auch alle gleichgeliebte Söhne dieses göttlichen Vaters. In der Parabel vom barmherzigen Samariter spottet Jesus des natürlichen Triebes, dem wir alle folgen, unser eigenes Volk zu verherrlichen und die Rechtlichkeit anderer Rassen und anderer Glaubensbekenntnisse herabzusetzen. In der Parabel von den Arbeitern im Weinberge verwirft er den beharrlichen Anspruch der Juden, ein besonderes Vorrecht auf Gott zu haben. Allen, die Gott in sein Reich aufnimmt, dient Gott in gleicher Weise, so lehrt er. Es gibt keine Bevorzugung, denn es gibt kein Maß für seine Gnadenfülle. Von allen jedoch fordert er das Äußerste, wie die Parabel vom vergrabenen Pfund bezeugt und der Vorfall mit dem Zinsgroschen der Witwe bekräftigt. Im Reiche Gottes gibt es kein Vorrecht, keinen Abzug, keine Ausflucht.

Aber nicht nur den heftigen Stammespatriotismus der Juden griff Jesus an; sie waren ein Volk von starkem Familiensinn, und er wollte alle beschränkten und engen Familienbande in der großen Flut der Liebe Gottes versinken lassen. Das ganze Königreich Gottes sollte eine große Familie seiner Anhänger sein. Es wird gesagt: »Da er noch zu dem Volk redete, siehe, da standen seine Mutter und seine Brüder draußen, die wollten mit ihm reden. Da sprach einer zu ihm: Siehe, deine Mutter und deine Brüder stehen draußen und wollen mit dir reden. Er antwortete aber und sprach zu dem, der es ihm ansagte: Wer ist meine Mutter und wer sind meine Brüder? Und reckte die Hand aus über seine Jünger und sprach: Siehe, das ist meine Mutter und meine Brüder. Denn wer den Willen tut meines Vaters im Himmel, der ist mein Bruder und meine Schwester und meine Mutter.« (Matth. 12,46–50)

Und nicht nur Patriotismus und Familienbande griff Jesus an im Namen von Gottes allumfassender Vaterschaft und der Verbrüderung der ganzen Menschheit; es ist vielmehr klar, daß seine Lehre alle Abstufungen des ökonomischen Systems, allen Eigenbesitz und alle persönlichen Vorteile verdammte. Alle Menschen gehören diesem Reich an, aller Besitz gehört dem Reiche. Das rechte Leben der Menschen, das einzige wahre Leben sei: Gottes Willen zu dienen mit allem, was wir besitzen, mit allem, was wir sind. Immer und immer wieder klagt er den persönlichen Besitz an und das Vorrecht eines privaten Lebens.

»Und da er hinausging auf den Weg, lief einer herzu, kniete vor ihm nieder und fragte ihn: Guter Meister, was soll ich tun, daß ich das ewige Leben ererbe? Aber Jesus sprach zu ihm: Was heißest du mich gut? Niemand ist gut als allein Gott. Du weißt die Gebote: ›Du sollst nicht töten; du sollst nicht ehebrechen; du sollst nicht stehlen; du sollst nicht falsch Zeugnis reden; du sollst niemanden berauben; ehre Vater und Mutter.‹ Er aber sprach zu ihm:

Meister, das habe ich alles gehalten von Jugend auf. Und Jesus sah ihn an und liebte ihn und sprach zu ihm: Eines fehlt dir, gehe hin, verkaufe alles, was du hast, und gib's den Armen, so wirst du einen Schatz im Himmel haben, und komm, folge mir nach. Er aber ward unmutig über das Wort und ging traurig davon; denn er hatte viele Güter.

Und Jesus sah um sich und sprach zu seinen Jüngern: Wie schwer werden die Reichen in das Reich Gottes kommen! Die Jünger aber entsetzten sich über seine Worte. Aber Jesus antwortete wiederum und sprach zu ihnen: Liebe Kinder, wie schwer ist's für die, so ihr Vertrauen auf Reichtum setzen, ins Reich Gottes zu kommen! Es ist leichter, daß ein Kamel durch ein Nadelöhr gehe, denn daß ein Reicher ins Reich Gottes komme.« (Mark. 10,17–25)

In der ungeheuren Prophezeiung dieses Königreiches, das alle Menschen vereinen sollte in Gott, hatte Jesus wenig Geduld mit der feilschenden Rechtlichkeit der formellen Religion. So ist ein anderer großer Teil seiner uns erhaltenen Aussprüche gegen die kleinliche Beobachtung der Regeln einer frommen Lebensführung gerichtet. »Da fragten ihn nun die Pharisäer und Schriftgelehrten: Warum wandeln deine Jünger nicht nach den Satzungen der Ältesten, sondern essen ihr Brot mit unreinen Händen? Er aber sprach zu ihnen: Gar fein hat von euch Heuchlern Jesaja geweissagt, wie geschrieben steht:

›Dies Volk ehret mich mit den
Lippen;
aber ihr Herz ist ferne von mir.
Vergeblich dienen sie mir,
weil sie lehren solche Lehren, die
nichts als Menschengebote sind.‹

Ihr verlasset Gottes Gebot und haltet der Menschen Satzungen. Und er sprach zu ihnen: Gar fein hebt ihr Gottes Gebot auf, auf daß ihr eure Satzungen haltet.« (Mark. 7,5–9)

Jesus predigte nicht nur eine sittliche und soziale Revolution, aus einer Menge von Andeutungen geht hervor, daß seine Lehre eine ausgesprochen politische Seite hatte. Zwar sagte er, daß sein Königreich nicht von dieser Welt sei; es sei in den Herzen der Menschen und nicht auf einem Throne; es wird uns jedoch klar, daß, wo immer und in welcher Ausdehnung sein Königreich in den Herzen der Menschen errichtet wird, auch die äußere Welt im selben Maße umgestaltet und neu aufgebaut werden muß.

Was immer sonst der Taubheit und Blindheit der Menschen an seinen Äußerungen entgangen sein dürfte, eines verstanden sie wohl, und das war seine Absicht, die Weltordnung zu stürzen. Der ganze Widerstand gegen ihn, die Umstände seiner Untersuchung und Hinrichtung zeigen deutlich, daß er der Meinung seiner Zeitgenossen nach und wohl auch in Wahrheit geradeheraus vorschlug, das ganze menschliche Leben zu verändern, umzugestalten und zu erweitern.

Ist es ein Wunder, im Hinblick auf

das, was er so deutlich sagte, daß alle Reichen und Wohlhabenden Angst wie vor unheimlichem Geschehen empfanden, Angst davor, daß ihnen ihre Welt durch seine Lehre ins Wanken geraten könne? All die kleinen Vorrechte, die sie sich angeeignet hatten, um sich vom Dienst für das Gemeinwohl zu drücken, deckte er auf, beleuchtete er im Lichte eines allumfassenden religiösen Lebens. Er glich einem furchtbaren Jäger, der die Menschheit aus den behaglichen Schlupfwinkeln aufschreckte, in denen sie bisher gelebt hatte. Im weißleuchtenden Glanze seines Königreiches sollte es kein Eigentum geben, keine Privilegien, keinen Stolz und keinen Vorrang, keinen anderen Antrieb und keinen anderen Lohn als die Liebe. Ist es ein Wunder, daß die Menschen betäubt und geblendet waren und sich gegen ihn auflehnten? Sogar seine Jünger lehnten sich auf, wenn er ihnen zuviel des Lichtes gab. Ist es ein Wunder, wenn die Priester erkannten, daß es nur eine Wahl gab zwischen diesem Mann und ihnen: seinen Untergang oder den ihren? Ist es ein Wunder, daß die römischen Soldaten, voll des Staunens über eine Lehre, die weit über ihr Verständnis ging, die ihre Lebensweise und all ihre Gewohnheiten bedrohte, zu einem wilden Gelächter Zuflucht nahmen, Jesus mit Dornen krönten, in Purpur kleideten und einen Spottkönig aus ihm machten? Denn ihn ernst nehmen hätte bedeutet, sich in ein seltsames und aufregendes Leben einzulassen, Gewohnheiten aufzugeben, Instinkte und Triebe zu beherrschen und ein unglaubhaftes Glück zu versuchen...

In den vier Evangelien finden wir die Persönlichkeit und die Lehren Jesu, aber sehr wenig von den Dogmen der christlichen Kirche. Die Hauptzüge des christlichen Glaubens sind in den Episteln enthalten, einer Reihe von Schriften der unmittelbaren Nachfolger Jesu.

An erster Stelle unter den Schöpfern der christlichen Glaubenslehre steht der heilige Paulus. Er hatte Jesum nie gesehen, ihn nie predigen gehört. Sein Name war ursprünglich Saulus gewesen, und er hatte sich anfänglich als tatkräftiger Verfolger der kleinen Gruppe von Jüngern hervorgetan, die nach der Kreuzigung an der Lehre Jesu festhielten. Dann bekehrte er sich zum

Christentum und änderte seinen Namen in Paulus. Er war ein Mann von großer geistiger Kraft und hatte ein tiefes und leidenschaftliches Interesse für die religiösen Bewegungen seiner Zeit. Wohl bewandert in der jüdischen, der mithraischen und der alexandrinischen Religion, trug er viele Ideen und Ausdrucksformen dieser Kulte ins Christentum hinüber. Die ursprüngliche Lehre Jesu, die Lehre vom Königreich des Himmels auf Erden, entwickelte oder vertiefte er nur sehr wenig. Er lehrte nicht nur, daß Jesus der verheißene Christus, der versprochene Führer der Juden sei, sondern stellte überdies seinen Tod als ein Opfer hin, das der Erlösung der Menschheit dient, ein Opfer also gleich den alten Blutopfern der Urzivilisationen.

Wenn Religionen nebeneinander blühen, nehmen sie leicht zeremonielle feierliche Bräuche und andere äußerliche Besonderheiten voneinander an. Der Buddhismus in China zum Beispiel hat heute fast dieselbe Art von Tempeln, Priestern und Gebräuchen wie der Taoismus, der auf den Lehren des Lao Tse fußt. Und doch widersprachen die ursprünglichen Ideen des Buddhismus und des Taoismus einander fast in jeder Hinsicht. Daß das Christentum dem mithraischen und dem alexandrinischen Kult nicht nur Formales wie den geschorenen Priester, Weihopfer, Altäre, Kerzen, Gesänge und Bilder entnahm, sondern sogar auch Ausdrücke der Erbauung und Andacht und theologische Ideen, gereicht seinen wesentlichen Lehren weder zur Unehre, noch gibt es Anlaß zu irgendwelchem Zweifel an ihnen. Diese Religionen blühten nebeneinander, überdies bestanden gleichzeitig viele weniger hervorragende Kulte. Jede von ihnen warb Anhänger, und es muß sich wohl zwischen ihnen dauernd ein Austausch von Bekehrten vollzogen haben. Mitunter dürfte die eine oder die andere in der Gunst der Regierung gestanden haben. Das Christentum wurde mit größerem Argwohn betrachtet als seine Rivalen, weil seine Anhänger sich gleich den Juden weigerten, dem Cäsar göttliche Ehren zu erweisen. Diese Tatsache allein machte es zu einer aufrührerischen Religion, ganz abgesehen von dem revolutionären Geist der Lehre Jesu selbst.

Paulus machte seinen Jüngern die Idee vertraut, daß Jesus, gleich Osiris, ein Gott sei, der stirbt und aufersteht und dadurch den Menschen Unsterblichkeit verleiht. Und bald war die wachsende Schar von Gläubigen zersplittert durch verwickelte theologische Streitigkeiten über das verwandtschaftliche Verhältnis dieses Gottes Jesus zu Gott, dem Vater der Menschheit. Die Arianer lehrten, daß Jesus göttlich, jedoch vom Vater getrennt und ihm untergeordnet sei. Die Sabellianer lehrten, daß Jesus nur eine Erscheinungsform des Vaters, daß Gott gleichzeitig Jesus und Vater sei, etwa so wie ein Mensch zugleich Vater und Handwerker sein könne. Und die noch spitzfindigere Lehre der Trinitarier besagte, daß Gott eins und doch drei sei, Vater, Sohn und Heiliger Geist. Einige Zeit schien es, als ob die Arianer die Oberhand über ihre Rivalen gewinnen würden; nach langem Streit jedoch, nach Gewalttätigkeiten und Kriegen, nahm schließlich die gesamte Christenheit die trinitarische Formel an. Sie kommt im athanasischen Glaubensbekenntnis am vollkommensten zum Ausdruck.

Wir geben keinerlei Kommentar zu diesen Streitigkeiten. Ihre Bedeutung für die Geschichte ist gering, gemessen an der Tragweite der persönlichen Lehre Jesu. Mit dieser scheint wahrhaftig eine neue Phase im moralischen und geistigen Leben der Menschheit anzuheben. Daß sie die allumfassende Vaterschaft Gottes und die darin inbegriffene Bruderschaft aller Menschen nachdrücklich betont, daß ihr jedes menschliche Wesen als ein lebendiges Geschöpf Gottes für unantastbar und heilig gilt, sollte die tiefste Wirkung auf alles soziale und politische Leben der Folgezeit ausüben. Mit dem Christentum, mit der Ausbreitung der Lehren Jesu taucht eine bis dahin nicht bekannte Ehrfurcht vor dem Menschen als solchem auf. Wohl mag der heilige Paulus den Sklaven Gehorsam gepredigt haben – was feindselige Kritiker des Christentums gerne hervorheben –, trotzdem steht fest, daß der Geist der Lehren Jesu, wie sie uns in den Evangelien bewahrt sind, die Unterjochung des Menschen durch den Menschen verwirft. Und noch unumwundener widersetzte sich das Christentum Vergewaltigungen der Menschenwürde, wie es die Gladiatorenkämpfe in der Arena waren.

Während der ersten zwei Jahrhunderte nach Christi Geburt breitete sich die christliche Religion über das ganze Römische Reich aus und verschmolz eine stets wachsende Anzahl von Bekehrten zu einem neuartigen Gemeinwesen der Ideen und des Willens. Die Haltung der Kaiser schwankte zwischen Feindseligkeit und Duldung. Sowohl im zweiten als auch im dritten Jahrhundert wurden Versuche unternommen, den neuen Glauben zu unterdrücken; schließlich setzte im Jahre 303 unter dem Kaiser Diocletian eine große Christenverfolgung ein. Der recht beträchtliche Besitz der Kirche wurde beschlagnahmt, Bibeln und religiöse Schriften wurden konfisziert und vernichtet, der Schutz der Gesetze den Christen entzogen und viele von ihnen hingerichtet. Die Vernichtung der Bücher ist besonders bemerkenswert. Sie beweist, daß die Machthaber erkannt hatten, wie die Kraft des geschriebenen Wortes den neuen Glauben zusammenhielt. Die ›Buchreligionen‹, Christentum und Judentum, waren bildende Religionen. Ihr Fortbestehen hing zum großen Teile davon ab, daß ihre Anhängerschaft des Lesens fähig und ihre doktrinären Ideen zu verstehen imstande war. Die älteren Religionen hatten sich nicht in solcher Art an die persönliche Intelligenz gewendet. Im Zeitalter der barbarischen Verwirrung, das nun über Westeuropa hereinbrechen sollte, wurde die Überlieferung des Lehrens und Lernens vorwiegend durch die christliche Kirche aufrechterhalten.

Die Verfolgung unter Diocletian war ein völlig mißlungener Versuch, die wachsende Gemeinschaft der Christen zu unterdrücken. In vielen Provinzen blieb sie schon deshalb fruchtlos, weil der Großteil der Bevölkerung und viele Beamte Christen waren. Im Jahre 317 erließ Galerius, der als ›Caesar im Osten‹ mit Diocletian, später mit Constantin dem Großen gemeinsam regierte, ein Toleranzedikt, und im Jahre 324 wurde der dem Christentum freundlich gesinnte Constantin – er ließ sich auf dem Totenbette taufen – alleiniger Regent des ganzen Reiches. Er verzichtete auf alle göttlichen Ehren und ließ christliche Wahrzeichen auf Schilde und Banner seiner Truppen setzen.

In wenigen Jahren hatte das Christentum als offizielle Religion des Reiches Wurzel gefaßt. Seine Rivalen verschwanden außerordentlich schnell oder wurden absorbiert, und im Jahre 390 ließ Kaiser Theodosius die große Statue des Jupiter-Serapis in Alexandria zerstören. Vom Beginn des fünften Jahrhunderts an findet sich im weiten Römischen Reich kein Tempel und kein Priester eines anderen Kults als des christlichen.

Aktuelle Texte aus dem Neuen Testament

Schafe unter Wölfen

Jesus ging umher in alle Städte und Dörfer, lehrte in ihren Synagogen und predigte das Evangelium von dem Reich und heilte alle Krankheit und alle Gebrechen. Und da er das Volk sah, jammerte ihn desselben; denn sie waren verschmachtet und zerstreut wie die Schafe, die keinen Hirten haben. Da sprach er zu seinen Jüngern: Die Ernte ist groß, aber wenige sind der Arbeiter. Darum bittet den Herrn der Ernte, daß er Arbeiter in seine Ernte sende.

Und er rief seine zwölf Jünger zu sich und gab ihnen Vollmacht über die unsauberen Geister, daß sie die austrieben und heilten alle Krankheit und alle Gebrechen. Geht aber und predigt und sprecht: Das Himmelreich ist nahe herbeigekommen. Macht Kranke gesund, weckt Tote auf, reinigt Aussätzige, treibt böse Geister aus. Umsonst habt ihr's empfangen, umsonst gebt es auch. Ihr sollt nicht Gold noch Silber noch Kupfer in euren Gürteln haben, auch keine Tasche zur Wegfahrt, auch nicht zwei Röcke, keine Schuhe, auch keinen Stecken. Denn der Arbeiter ist seiner Speise wert. Wenn ihr aber in eine Stadt oder ein Dorf geht, da erkundigt euch, ob jemand darin sei, der es wert ist: und bei demselben bleibt, bis ihr von dannen zieht. Wenn ihr aber in ein Haus geht, so grüßet es; und wenn es das Haus wert ist, wird euer Friede auf sie kommen. Ist es aber nicht wert, so wird sich euer Friede wieder zu euch wenden. Und wenn euch jemand nicht aufnehmen wird noch eure Rede hören, so geht heraus von jenem Hause oder jener Stadt und schüttelt den Staub von euren Füßen. Wahrlich, ich sage euch: Dem Lande der Sodomer und Gomorrer wird es erträglicher gehen am Tage des Gerichts als solcher Stadt.

Siehe, ich sende euch wie Schafe mitten unter die Wölfe. Darum seid klug wie die Schlangen und ohne Falsch wie die Tauben. Hütet euch aber vor den Menschen; denn sie werden euch überantworten den Gerichten und werden euch geißeln in ihren Synagogen. Und man wird euch vor Fürsten und Könige führen um meinetwillen, ihnen und den Heiden zum Zeugnis. Wenn sie euch nun überantworten werden, so sorget nicht, wie oder was ihr reden sollt; denn es soll euch zu der Stunde gegeben werden, was ihr reden sollt. Denn ihr seid es nicht, die da reden, sondern eures Vaters Geist ist es, der durch euch redet.

Matth. 9,35–38; 10,1,7–20

Ein Nestbeschmutzer

Und er kam in seine Vaterstadt, und seine Jünger folgten ihm nach. Und da der Sabbat kam, hob er an, zu lehren in der Synagoge. Und die Menge, die zuhörte, verwunderte sich, und sie sprachen: Woher kommt dem solches? Und was für Weisheit ist es, die ihm gegeben ist? Und solche mächtigen Taten, die durch seine Hände geschehen! Ist er nicht der Zimmermann, Marias Sohn und der Bruder des Jakobus und Joses und Judas und Simon? Sind nicht auch seine Schwestern allhier bei uns? Und sie nahmen Ärgernis an ihm. Jesus aber sprach zu ihnen: Ein Prophet gilt nirgend weniger als in seinem Vaterland und bei seinen Verwandten und in seinem Haus. Und er konnte allda nicht eine einzige Tat tun.

Mark. 6,1–5

Doppelmoralisten

Und frühmorgens kam er wieder in den Tempel, und alles Volk kam zu ihm; und er setzte sich und lehrte sie.

Aber die Schriftgelehrten und Pharisäer brachten eine Frau zu ihm, im Ehebruch ergriffen, und stellten sie in die Mitte und sprachen zu ihm: Meister, diese Frau ist ergriffen auf frischer Tat im Ehebruch. Mose aber hat uns im Gesetz geboten, solche zu steinigen. Was sagst du? Das sprachen sie aber, ihn zu versuchen, auf daß sie eine Sache wider ihn hätten. Aber Jesus bückte sich nieder und schrieb mit dem Finger auf die Erde. Als sie nun anhielten, ihn zu fragen, richtete er sich auf und sprach zu ihnen: Wer unter euch ohne Sünde ist, der werfe den ersten Stein auf sie. Und bückte sich wieder nieder und schrieb auf die Erde. Da sie aber das hörten, gingen sie hinaus, einer nach dem andern, von den Ältesten an; und Jesus ward allein gelassen und die Frau in der Mitte stehend. Jesus aber richtete sich auf und sprach zu ihr: Weib, wo sind sie, deine Verkläger? Hat dich niemand verdammt? Sie aber sprach: Herr, niemand. Jesus aber sprach: So verdamme ich dich auch nicht; gehe hin und sündige hinfort nicht mehr.

Joh. 8,2–11

Doktrinäre und Epikureer

Und da Jesus von dannen ging, sah er einen Menschen am Zoll sitzen, der hieß Matthäus; und sprach zu ihm: Folge mir! Und er stand auf und folgte ihm. Und es begab sich, als er zu Tisch saß im Hause, siehe, da kamen viele Zöllner und Sünder und saßen zu Tische mit Jesus und seinen Jüngern. Da das die Pharisäer sahen, sprachen sie zu seinen Jüngern: Warum isset euer Meister mit den Zöllnern und Sündern? Da das Jesus hörte, sprach er: Die Starken bedürfen des Arztes nicht, sondern die Kranken. Gehet aber hin und lernet, was das ist: »Ich habe Wohlgefallen an Barmherzigkeit und nicht am Opfer.« Ich bin gekommen, die Sünder zu rufen und nicht die Gerechten.

Da kamen die Jünger des Johannes zu ihm und sprachen: Warum fasten wir und die Pharisäer, und deine Jünger fasten nicht? Jesus sprach zu ihnen: Wie können die Hochzeitleute Leid tragen, solange der Bräutigam bei ihnen ist? Es wird aber die Zeit kommen, daß der Bräutigam von ihnen genommen wird; alsdann werden sie fasten. Niemand flickt ein altes Kleid mit einem Lappen von neuem Tuch; denn der Lappen reißt doch wieder vom Kleid, und der Riß wird ärger. Man füllt auch nicht jungen Wein in alte Schläuche; sonst zerreißen die Schläuche, und der Wein wird verschüttet, und die Schläuche kommen um. Sondern man füllt jungen Wein in neue Schläuche, so werden sie beide miteinander erhalten.

Wer Ohren hat, der höre! Wem soll ich aber dies Geschlecht vergleichen? Es ist den Kindern gleich, die an dem Markt sitzen und rufen ihren Gespielen zu und sprechen: Wir haben euch aufgespielt, und ihr wolltet nicht tanzen; wir haben euch vorgeklagt, und ihr wolltet nicht trauern. Johannes ist gekommen, aß nicht und trank nicht; so sagen sie: Er ist besessen. Des Menschen Sohn ist gekommen, isset und trinket; so sagen sie: Siehe, wie ist der Mensch ein Fresser und Weinsäufer, der Zöllner und der Sünder Geselle! Und doch ist die Weisheit gerechtfertigt worden aus ihren Werken.

Matth. 9,9–17; 11,15–19

Den Verdammten dieser Erde

Kommet her zu mir alle, die ihr mühselig und beladen seid; ich will euch erquicken. Nehmet auf euch mein Joch und lernet von mir; denn ich bin sanftmütig und von Herzen demütig; so werdet ihr Ruhe finden für eure Seelen. Denn mein Joch ist sanft, und meine Last ist leicht.

Matth. 11,28–30

Denn Gott hat seinen Sohn nicht gesandt in die Welt, daß er die Welt richte, sondern daß die Welt durch ihn gerettet werde.

Joh. 3,17

Law and order

Und es begab sich, daß er am Sabbat durch ein Kornfeld ging; und seine Jünger fingen an, indem sie gingen, Ähren auszuraufen. Und die Pharisäer sprachen zu ihm: Siehe zu, was tun deine Jünger am Sabbat, das nicht recht ist? Und er sprach zu ihnen: Habt ihr nie gelesen, was David tat, da er in Not war und ihn hungerte samt denen, die bei ihm waren? wie er ging in das Haus Gottes zur Zeit Abjathars, des Hohenpriesters, und aß die Schaubrote, die niemand essen darf als die Priester, und er gab sie auch denen, die bei ihm waren? Und er sprach zu ihnen: Der Sabbat ist um des Menschen willen gemacht, und nicht der Mensch um des Sabbats willen.

Mark. 2,23–28

Amnestie

Es bat ihn aber der Pharisäer einer, daß er mit ihm äße. Und er ging hinein in des Pharisäers Haus und setzte sich zu Tisch. Und siehe, eine Frau war in der Stadt, die war eine Sünderin. Da die vernahm, daß er zu Tische saß in des Pharisäers Hause, brachte sie ein Glas mit Salbe und trat hinten zu seinen Füßen und weinte und fing an, seine Füße zu netzen mit Tränen und mit den Haaren ihres Hauptes zu trocknen, und küßte seine Füße und salbte sie mit Salbe. Da aber das der Pharisäer sah, der ihn geladen hatte, sprach er bei sich selbst und sagte: Wenn dieser ein Prophet wäre, so wüßte er, wer und welch eine Frau das ist, die ihn anrührt; denn sie ist eine Sünderin. Jesus antwortete und sprach zu ihm: Simon, ich habe dir etwas zu sagen. Er aber sprach: Meister, sage an. Es hatte ein Gläubiger zwei Schuldner. Einer war schuldig fünfhundert Silbergroschen, der andere fünfzig. Da sie aber nicht hatten, zu bezahlen, schenkte er's beiden. Sage an, welcher unter denen wird ihn am meisten lieben? Simon antwortete und sprach: Ich achte, dem er am meisten geschenkt hat. Er aber sprach zu ihm: Du hast recht geurteilt. Und er wandte sich zu der Frau und sprach zu Simon: Siehst du dies Weib? Ich bin gekommen in dein Haus; du hast mir nicht Wasser gegeben für meine Füße; diese aber hat meine Füße mit Tränen genetzt und mit den Haaren ihres Hauptes getrocknet. Du hast mir keinen Kuß gegeben; diese aber, nachdem ich hereingekommen bin, hat nicht abgelassen, meine Füße zu küssen. Du hast mein Haupt nicht mit Öl gesalbt; sie aber hat meine Füße mit Salbe gesalbt. Derhalben sage ich dir: Ihr sind viele Sünden vergeben, darum hat sie mir viel Liebe erzeigt; wem aber wenig vergeben wird, der liebt wenig. Und er sprach zu ihr: Dir sind deine Sünden vergeben. Da fingen an die mit zu Tische saßen und sprachen bei sich selbst: Wer ist dieser, der auch die Sünden vergibt? Er aber sprach zu der Frau: Dein Glaube hat dir geholfen; gehe hin in Frieden!

Luk. 7,36–50

Repressive Toleranz

Da ward ein Besessener zu ihm gebracht, der war blind und stumm; und er heilte ihn, so daß der Stumme redete und sah. Und alles Volk entsetzte sich und sprach: Ist dieser nicht Davids Sohn? Aber die Pharisäer, da sie es hörten, sprachen sie: Er treibt die bösen Geister nicht anders aus denn durch Beelzebub, ihren Obersten. Jesus wußte aber ihre Gedanken und sprach zu ihnen: Ein jegliches Reich, wenn es mit sich selbst uneins wird, das wird verwüstet; und eine jegliche Stadt oder Haus, wenn es mit sich selbst uneins wird, kann nicht bestehen. Wenn nun Satan den Satan austreibt, so muß er mit sich selbst uneins sein; wie kann dann sein Reich bestehen? Wenn ich aber die bösen Geister durch Beelzebub austreibe, durch wen treiben eure Söhne sie aus? Darum werden sie eure Richter sein. Wenn ich aber die bösen Geister durch den Geist Gottes austreibe, so ist das Reich Gottes zu euch gekommen. Oder wie kann jemand in eines Starken Haus gehen und ihm seinen Hausrat rauben, es sei denn, daß er zuvor den Starken binde und alsdann sein Haus beraube? Wer nicht mit mir ist, der ist wider mich; und wer nicht mit mir sammelt, der zerstreut.

Darum sage ich euch: Alle Sünde und Lästerung wird den Menschen vergeben; aber die Lästerung wider den Geist wird den Menschen nicht vergeben. Und wer etwas redet wider des Menschen Sohn, dem wird es vergeben; aber wer etwas redet wider den Heiligen Geist, dem wird's nicht vergeben, weder in dieser noch in jener Welt.

Setzet entweder einen guten Baum, so wird die Frucht gut; oder setzet einen faulen Baum, so wird die Frucht faul. Denn an der Frucht erkennt man den Baum. Ihr Otterngezüchte, wie könnt ihr Gutes reden, die ihr böse seid? Wes das Herz voll ist, des geht der Mund über. Ein guter Mensch bringt Gutes hervor aus dem guten Schatz seines Herzens; und ein böser Mensch bringt Böses hervor aus seinem bösen Schatz. Ich sage euch aber, daß die Menschen müssen Rechenschaft geben am Tage des Gerichts von einem jeglichen nichtsnutzigen Wort, das sie geredet haben. Aus deinen Worten wirst du gerechtfertigt werden, und aus deinen Worten wirst du verdammt werden.

Matth. 12,22–37

Gleichheit, Brüderlichkeit

Da er noch zu dem Volk redete, siehe, da standen seine Mutter und seine Brüder draußen, die wollten mit ihm reden. Da sprach einer zu ihm: Siehe, deine Mutter und deine Brüder stehen draußen und wollen mit dir reden. Er antwortete aber und sprach zu dem, der es ihm ansagte: Wer ist meine Mutter, und wer sind meine Brüder? Und reckte die Hand aus über seine Jünger und sprach: Siehe da, das ist meine Mutter und meine Brüder! Denn wer den Willen tut meines Vaters im Himmel, der ist mein Bruder und meine Schwester und meine Mutter. *Matth. 12,46–50*

Notwendigkeit der Kunst

Solches alles redete Jesus in Gleichnissen zu dem Volk, und ohne Gleichnisse redete er nichts zu ihnen, auf daß erfüllt würde, was gesagt ist durch den Propheten, der da spricht: »Ich will meinen Mund auftun in Gleichnissen und will aussprechen, was verborgen war von Anfang der Welt.«

Matth. 13,34–35

Engagement

Das Himmelreich ist gleich einem verborgenen Schatz im Acker, welchen ein Mensch fand und verbarg ihn; und in seiner Freude darüber geht er hin und verkauft alles, was er hat, und kauft den Acker.

Abermals ist das Himmelreich gleich einem Kaufmann, der gute Perlen suchte, und da er eine köstliche Perle fand, ging er hin und verkaufte alles, was er hatte, und kaufte sie.

Matth. 13,44–45

Will mir jemand nachfolgen, der verleugne sich selbst und nehme sein

Kreuz auf sich und folge mir. Denn wer sein Leben erhalten will, der wird's verlieren; wer aber sein Leben verliert um meinetwillen, der wird's finden. Was hülfe es dem Menschen, wenn er die ganze Welt gewönne und nähme doch Schaden an seiner Seele?

Matth. 16,24–26

Konvention und Klassenmoral

Und es versammelten sich bei ihm die Pharisäer und etliche von den Schriftgelehrten, die von Jerusalem gekommen waren. Und sie sahen etliche seiner Jünger mit unreinen Händen, das heißt: ohne Waschung der Hände, ihr Brot essen. Denn die Pharisäer und alle Juden essen nicht, sie waschen denn die Hände mit einer Handvoll Wasser und halten so die Satzungen der Ältesten; und wenn sie vom Markt kommen, essen sie nicht, sie waschen sich denn. Und es sind viele andre Dinge, die sie zu halten angenommen haben, wie: Trinkgefäße und Krüge und Kessel zu waschen.

Da fragten ihn die Pharisäer und Schriftgelehrten: Warum wandeln deine Jünger nicht nach den Satzungen der Ältesten, sondern essen ihr Brot mit unreinen Händen? Er aber sprach zu ihnen: Gar fein hat von euch Heuchlern Jesaja geweissagt, wie geschrieben steht:

»Dies Volk ehrt mich mit den
Lippen;
aber ihr Herz ist ferne von mir.
Vergeblich dienen sie mir,
weil sie lehren solche Lehren, die
nichts als Menschengebote sind.«

Ihr verlasset Gottes Gebot und haltet der Menschen Satzungen. Und er sprach zu ihnen: Gar fein hebt ihr Gottes Gebot auf, auf daß ihr eure Satzungen haltet. Denn Mose hat gesagt: »Du sollst deinen Vater und deine Mutter ehren«, und: »Wer Vater oder Mutter flucht, der soll des Todes sterben.« Ihr aber sagt: Wenn einer spricht zu Vater oder Mutter: Korban, das heißt Opfergabe, soll sein, was dir sollte von mir zukommen, so laßt ihr ihn hinfort nichts tun für seinen Vater oder seine Mutter und hebt so Gottes Wort auf durch eure Satzungen, die ihr aufgestellt habt; und dergleichen tut ihr viel.

Und er rief das Volk wieder zu sich und sprach zu ihnen: Höret mir alle zu und fasset es! Es ist nichts, was von außen in den Menschen hineingeht, das ihn könnte unrein machen; sondern was aus dem Menschen herauskommt, das ist's, was den Menschen unrein macht. Hat jemand Ohren, zu hören, der höre. Und da er von dem Volk ins Haus kam, fragten ihn seine Jünger über dies Gleichnis. Und er sprach zu ihnen: Seid ihr denn auch so unverständig? Merket ihr nicht, daß alles, was von außen in den Menschen hineingeht, ihn nicht unrein machen kann? Denn es geht nicht in sein Herz, sondern in den Bauch, und geht aus durch den natürlichen Gang. So erklärte er alle Speisen für rein. Er sagte aber: Was aus dem Menschen herauskommt, das macht den Menschen unrein; denn von innen, aus dem Herzen der Menschen, kommen die bösen Gedanken, Unzucht, Dieberei, Mord, Ehebruch, Habsucht, Bosheit, List, Schwelgerei, Mißgunst, Lästerung, Hoffart, Unvernunft. All diese bösen

Dinge kommen von innen heraus und machen den Menschen unrein.

Mark. 7,1–23

Wer ist der Größte?

Zu derselben Stunde traten die Jünger zu Jesus und sprachen: Wer ist doch der Größte im Himmelreich? Jesus rief ein Kind zu sich und stellte es mitten unter sie und sprach: Wahrlich, ich sage euch: Wenn ihr nicht umkehret und werdet wie die Kinder, so werdet ihr nicht ins Himmelreich kommen. Wer nun sich selbst erniedrigt wie dies Kind, der ist der Größte im Himmelreich. Und wer ein solches Kind aufnimmt in meinem Namen, der nimmt mich auf. Wer aber Ärgernis gibt einem dieser Kleinen, die an mich glauben, dem wäre besser, daß ein Mühlstein an seinen Hals gehängt und er ersäuft würde im Meer, wo es am tiefsten ist.

Weh der Welt der Ärgernisse halben! Es muß ja Ärgernis kommen; doch weh dem Menschen, durch welchen Ärgernis kommt! Wenn aber deine Hand oder dein Fuß dir Ärgernis schafft, so haue ihn ab und wirf ihn von dir. Es ist dir besser, daß du zum Leben lahm oder als ein Krüppel eingehest, als daß du zwei Hände oder zwei Füße habest und werdest in das ewige Feuer geworfen. Und wenn dir dein Auge Ärgernis schafft, reiß es aus und wirf's von dir. Es ist dir besser, daß du einäugig zum Leben eingehest, als daß du zwei Augen habest und werdest in das höllische Feuer geworfen.

Matth. 18,1–9

Laß die Toten ihre Toten begraben

Es begab sich aber, da die Zeit erfüllt war, daß er sollte von hinnen genommen werden, wendete er sein Angesicht, stracks nach Jerusalem zu wandern. Und er sandte Boten vor sich hin; die gingen hin und kamen in ein Dorf der Samariter, daß sie ihm Herberge bestellten. Und sie nahmen ihn nicht auf, darum daß er sein Angesicht gewendet hatte, zu wandern nach Jerusalem. Da aber das seine Jünger Jakobus und Johannes sahen, sprachen sie: Herr, willst du, so wollen wir sagen, daß Feuer vom Himmel falle und verzehre sie, wie auch Elia tat. Jesus aber wandte sich und bedrohte sie und sprach: Wisset ihr nicht, welches Geistes Kinder ihr seid? Des Menschen Sohn ist nicht gekommen, der Menschen Seelen zu verderben, sondern zu erhalten. Und sie gingen in ein andres Dorf.

Es begab sich aber, da sie auf dem Wege waren, sprach einer zu ihm: Ich will dir folgen, wo du hingehst. Und Jesus sprach zu ihm: Die Füchse haben Gruben, und die Vögel unter dem Himmel haben Nester; aber des Menschen Sohn hat nicht, wo er sein Haupt hinlege. Und er sprach zu einem andern: Folge mir nach! Der sprach aber: Erlaube mir, daß ich zuvor hingehe und meinen Vater begrabe. Aber Jesus sprach zu ihm: Laß die Toten ihre Toten begraben; gehe du aber hin und verkündige das Reich Gottes! Und ein andrer sprach: Herr, ich will dir nachfolgen; aber erlaube mir zuvor, daß ich Abschied nehme von denen, die in meinem Hause sind. Jesus aber sprach zu ihm: Wer seine Hand an den Pflug legt und sieht zurück, der ist nicht geschickt zum Reich Gottes.

Luk. 9,51–62

Erste Hilfe

Und siehe, da stand ein Schriftgelehrter auf, versuchte ihn und sprach: Meister, was muß ich tun, daß ich das ewige Leben ererbe? Er aber sprach zu ihm: Was steht im Gesetz geschrieben? Wie liesest du? Er antwortete und sprach: »Du sollst Gott, deinen Herrn, lieben von ganzem Herzen, von ganzer Seele, von allen Kräften und von ganzem Gemüte und deinen Nächsten wie dich selbst.« Er aber sprach zu ihm: Du hast recht geantwortet; tue das, so wirst du leben.

Er aber wollte sich selbst rechtfertigen und sprach zu Jesus: Wer ist denn mein Nächster? Da antwortete Jesus und sprach: Es war ein Mensch, der ging von Jerusalem hinab nach Jericho und fiel unter die Räuber; die zogen ihn aus und schlugen ihn und gingen davon und ließen ihn halbtot liegen. Es begab sich aber von ungefähr, daß ein Priester dieselbe Straße hinabzog; und da er ihn sah, ging er vorüber. Desgleichen auch ein Levit; da er kam zu der Stätte und sah ihn, ging er vorüber. Ein Samariter aber reiste und kam dahin; und da er ihn sah, jammerte ihn sein, ging zu ihm, goß Öl und Wein auf seine Wunden und verband sie ihm und hob ihn auf sein Tier und führte ihn in eine Herberge und pflegte sein. Des andern Tages zog er heraus zwei Silbergroschen und gab sie dem Wirte und sprach zu ihm: Pflege sein, und so du was mehr wirst dartun, will ich dir's bezahlen, wenn ich wiederkomme. Welcher dünkt dich, der unter diesen dreien der Nächste sei gewesen dem, der unter die Räuber gefallen war? Er sprach: Der die Barmherzigkeit an ihm tat. Da sprach Jesus zu ihm: So gehe hin und tue desgleichen!

Luk. 10,25–37

Leistungsgesellschaft

Es begab sich aber, da sie weiterzogen, kam er in ein Dorf. Da war eine Frau mit Namen Martha, die nahm ihn auf in ihr Haus. Und sie hatte eine Schwester, die hieß Maria; die setzte sich zu Jesu Füßen und hörte seiner Rede zu. Martha aber machte sich viel zu schaffen, ihm zu dienen. Und sie trat hinzu und sprach: Herr, fragst du nicht danach, daß mich meine Schwester läßt allein dienen? Sage ihr doch, daß sie es auch angreife! Der Herr aber antwortete und sprach zu ihr: Martha, Martha, du hast viel Sorge und Mühe. Eins aber ist not, Maria hat das gute Teil erwählt;

das soll nicht von ihr genommen werden.

Luk. 10,38–42

Die Spitzen der Gesellschaft

Da redete Jesus zu dem Volk und zu seinen Jüngern und sprach: Auf des Mose Stuhl sitzen die Schriftgelehrten und Pharisäer. Alles nun, was sie euch sagen, das tut und haltet; aber nach ihren Werken sollt ihr nicht tun; sie sagen's wohl und tun's nicht. Sie binden schwere Bürden und legen sie den Menschen auf den Hals; aber sie selbst wollen sie nicht mit einem Finger anrühren. Alle ihre Werke aber tun sie, damit sie von den Leuten gesehen werden. Sie machen ihre Gebetsriemen breit und die Quasten an ihren Kleidern groß. Sie sitzen gerne obenan bei Tisch und in den Synagogen und haben's gerne, daß sie gegrüßt werden auf dem Markt und von den Menschen Rabbi genannt werden. Aber ihr sollt euch nicht Rabbi nennen lassen; denn *einer* ist euer Meister; ihr aber seid alle Brüder. Und ihr sollt niemand euren Vater heißen auf Erden; denn *einer* ist euer Vater, der im Himmel ist. Und ihr sollt euch nicht lassen Lehrer nennen; denn *einer* ist euer Lehrer, Christus. Der Größte unter euch soll euer Diener sein. Denn wer sich selbst erhöht, der wird erniedrigt; und wer sich selbst erniedrigt, der wird erhöht.

Weh euch, Schriftgelehrte und Pharisäer, ihr Heuchler, die ihr das Himmelreich zuschließet vor den Menschen! Ihr gehet nicht hinein, und die hinein wollen, lasset ihr nicht hinein.

Weh euch, Schriftgelehrte und Pharisäer, die ihr verzehnet Minze, Dill und Kümmel und lasset dahinten das Wichtigste im Gesetz, nämlich das Recht, die Barmherzigkeit und den Glauben! Dies sollte man tun und jenes nicht lassen. Ihr blinden Führer, die ihr Mücken seihet und Kamele verschluckt! Weh euch, Schriftgelehrte und Pharisäer, ihr Heuchler, die ihr die Becher und Schüsseln auswendig rein haltet, inwendig aber sind sie voll Raub und Gier! Du blinder Pharisäer, reinige zum ersten, was inwendig im Becher ist, auf daß auch das Auswendige rein werde! Weh euch, Schriftgelehrte und Pharisäer, ihr Heuchler, die ihr seid gleich wie übertünchte Gräber, welche auswendig hübsch scheinen, aber inwendig sind sie voller Totengebeine und lauter Unrat! So auch ihr: von außen scheinet ihr vor den Menschen fromm, aber inwendig seid ihr voller Heuchelei und Übertretung.

Matth. 23,1–13, 23–28

Wachstumsrate

Es sprach aber einer aus dem Volk zu ihm: Meister, sage meinem Bruder, daß er mit mir das Erbe teile. Er aber sprach zu ihm: Mensch, wer hat mich zum Richter oder Erbteiler über euch gesetzt? Und er sprach zu ihnen: Sehet zu und hütet euch vor aller Habgier; denn niemand lebt davon, daß er viele Güter hat.

Und er sagte ihnen ein Gleichnis und sprach: Es war ein reicher Mensch, des Feld hatte wohl getragen. Und er dachte bei sich selbst und sprach: Was soll ich tun? Ich habe nicht, wo ich meine Früchte hin sammle. Und sprach: Das will ich tun:

ich will meine Scheunen abbrechen und größere bauen und will darein sammeln all mein Korn und meine Güter und will sagen zu meiner Seele: Liebe Seele, du hast einen großen Vorrat auf viele Jahre; habe nun Ruhe, iß, trink und habe guten Mut! Aber Gott sprach zu ihm: Du Narr! Diese Nacht wird man deine Seele von dir fordern; und wes wird's sein, das du bereitet hast? So geht es dem, der sich Schätze sammelt und ist nicht reich für Gott.

Luk. 12,13–21

Zeichen der Zeit

Ich bin gekommen, daß ich ein Feuer anzünde auf Erden; was wollte ich lieber, als es brennete schon! Aber ich muß mich zuvor taufen lassen mit einer Taufe, und wie ist mir so bange, bis sie vollendet werde! Meinet ihr, daß ich hergekommen bin, Frieden zu bringen auf Erden? Ich sage: Nein, sondern Zwietracht. Denn von nun an werden fünf in *einem* Haus uneins sein, drei wider zwei und zwei wider drei. Es wird sein der Vater wider den Sohn und der Sohn wider den Vater, die Mutter wider die Tochter und die Tochter wider die Mutter, die Schwiegermutter wider die Schwiegertochter und die Schwiegertochter wider die Schwiegermutter.

Er sprach aber zu dem Volk: Wenn ihr eine Wolke sehet aufgehen vom Westen, so sprecht ihr alsbald: Es kommt ein Regen. Und es geschieht also. Und wenn ihr sehet den Südwind wehen, so sprecht ihr: Es wird heiß werden. Und es geschieht also. Ihr Heuchler! Das Aussehen der Erde und des Himmels versteht ihr zu prüfen; wie prüfet ihr aber diese Zeit nicht?

Luk. 12,49–56

Karriere

Er sagte aber ein Gleichnis zu den Gästen, da er merkte, wie sie suchten, obenan zu sitzen, und sprach zu ihnen: Wenn du von jemand geladen wirst zur Hochzeit, so setze dich nicht obenan, daß nicht etwa ein Vornehmerer als du von ihm geladen sei, und dann komme, der dich und ihn geladen hat, und spreche zu dir: Weiche diesem! und du müßest dann mit Scham untenan sitzen. Sondern wenn du geladen wirst, so gehe hin und setze dich untenan, auf daß, wenn da kommt, der dich geladen hat, er spreche zu dir: Freund, rücke hinauf! Dann wirst du Ehre haben vor denen, die mit dir zu

Tische sitzen. Denn wer sich selbst erhöht, der soll erniedrigt werden; und wer sich selbst erniedrigt, der soll erhöht werden.

Er sprach auch zu dem, der ihn geladen hatte: Wenn du ein Mittags- und Abendmahl machst, so lade nicht deine Freunde noch deine Brüder noch deine Verwandten noch reiche Nachbarn, auf daß sie dich nicht etwa wieder laden und dir vergolten werde. Sondern wenn du ein Mahl machst, so lade die Armen, die Krüppel, die Lahmen, die Blinden, so bist du selig, denn sie haben's nicht, dir zu vergelten.

Luk. 14,7–14

Der verlorene Sohn

Und er sprach: Ein Mensch hatte zwei Söhne. Und der jüngere unter ihnen sprach zu dem Vater: Gib mir, Vater, das Teil der Güter, das mir gehört. Und er teilte ihnen das Gut. Und nicht lange danach sammelte der jüngere Sohn alles zusammen und zog ferne über Land; und daselbst brachte er sein Gut um mit Prassen. Als er nun all das Seine verzehrt hatte, ward eine große Teuerung durch dasselbe ganze Land, und er fing an zu darben und ging hin und hängte sich an einen Bürger desselben Landes; der schickte ihn auf seinen Acker, die Säue zu hüten. Und er begehrte, seinen Bauch zu füllen mit Trebern, die die Säue aßen; und niemand gab sie ihm. Da schlug er in sich und sprach: Wieviel Tagelöhner hat mein Vater, die Brot die Fülle haben, und ich verderbe im Hunger! Ich will mich aufmachen und zu meinem Vater gehen und zu ihm sagen: Vater, ich habe gesündigt gegen den Himmel und vor dir. Ich bin hinfort nicht mehr wert, daß ich dein Sohn heiße; mache mich zu einem deiner Tagelöhner! Und er machte sich auf und kam zu seinem Vater. Da er aber noch ferne von dannen war, sah ihn sein Vater, und es jammerte ihn, lief und fiel ihm um seinen Hals und küßte ihn. Der Sohn aber sprach zu ihm: Vater, ich habe gesündigt gegen den Himmel und vor dir; ich bin hinfort nicht mehr wert, daß ich dein Sohn heiße. Aber der Vater sprach zu seinen Knechten: Bringt schnell das beste Kleid hervor und tut es ihm an und gebet ihm einen Fingerreif an seine Hand und Schuhe an seine Füße, und bringt das Kalb, das wir gemästet haben, und schlachtet's; lasset uns essen und fröhlich sein! Denn dieser mein Sohn war tot und ist wieder lebendig geworden; er war verloren und ist gefunden worden. Und sie fingen an, fröhlich zu sein.

Aber der ältere Sohn war auf dem Felde. Und als er nahe zum Hause kam, hörte er das Singen und den Reigen und rief zu sich der Knechte einen und fragte, was das wäre. Der aber sagte ihm: Dein Bruder ist gekommen, und dein Vater hat das gemästete Kalb geschlachtet, weil er ihn gesund wieder hat. Da ward er zornig und wollte nicht hineingehen. Da ging sein Vater heraus und bat ihn. Er aber antwortete und sprach zum Vater: Siehe, so viel Jahre diene ich dir und habe dein Gebot noch nie übertreten; und du hast mir nie einen Bock gegeben, daß ich mit meinen Freunden fröhlich wäre. Nun aber dieser dein Sohn gekommen ist, der dein Gut mit Dirnen verpraßt hat, hast du ihm das gemästete Kalb geschlachtet. Er aber sprach zu ihm: Mein Sohn, du bist allezeit bei mir, und alles, was mein ist, das ist dein. Du solltest aber fröhlich und guten Mutes sein; denn dieser dein Bruder war tot und ist wieder lebendig geworden, er war verloren und ist wiedergefunden.

Luk. 15,11–32

Dritte Welt

Es war aber ein reicher Mann, der kleidete sich mit Purpur und köstlicher Leinwand und lebte alle Tage herrlich und in Freuden. Es war aber ein Armer mit Namen Lazarus, der lag vor seiner Tür voller Schwären und begehrte, sich zu sättigen von dem, was von des Reichen Tische fiel; dazu kamen auch noch die Hunde und leckten ihm seine Schwären. Es begab sich aber, daß der Arme starb und ward getragen von den Engeln in Abrahams Schoß. Der Reiche aber starb auch und ward begraben. Als er nun bei den Toten war, hob er seine Augen auf in seiner Qual und sah

Abraham von ferne und Lazarus in seinem Schoß. Und er rief und sprach: Vater Abraham, erbarme dich mein und sende Lazarus, daß er das Äußerste seines Fingers ins Wasser tauche und kühle meine Zunge; denn ich leide Pein in dieser Flamme. Abraham aber sprach: Gedenke, Sohn, daß du dein Gutes empfangen hast in deinem Leben, Lazarus dagegen hat Böses empfangen; nun wird er hier getröstet, und du wirst gepeinigt. Und über das alles ist zwischen uns und euch eine große Kluft befestigt, daß, die da wollten von hier hinüberfahren zu euch, könnten nicht, und auch nicht die von dort zu uns herüber können. Da sprach er: So bitte ich dich, Vater, daß du ihn sendest in meines Vaters Haus; denn ich habe noch fünf Brüder, daß er sie warne, auf daß sie nicht auch kommen an diesen Ort der Qual. Abraham sprach: Sie haben Mose und die Propheten; laß sie dieselben hören. Er aber sprach: Nein, Vater Abraham, sondern wenn einer von den Toten zu ihnen ginge, so würden sie Buße tun. Er sprach zu ihm: Hören sie Mose und die Propheten nicht, so werden sie auch nicht glauben, wenn jemand von den Toten aufstünde.

Luk. 16,19–31

Die Elite

Er sagte aber zu etlichen, die sich selbst vermaßen, daß sie fromm wären, und verachteten die andern, dies Gleichnis: Es gingen zwei Menschen hinauf in den Tempel, zu beten, einer ein Pharisäer, der andere ein Zöllner. Der Pharisäer stand und betete bei sich selbst: Ich danke dir, Gott, daß ich nicht bin wie die andern Leute, Räuber, Ungerechte, Ehebrecher oder auch wie dieser Zöllner. Ich faste zweimal in der Woche und gebe den Zehnten von allem, was ich einnehme. Und der Zöllner stand von ferne, wollte auch seine Augen nicht aufheben gen Himmel, sondern schlug an seine

Brust und sprach: Gott, sei mir Sünder gnädig! Ich sage euch: Dieser ging hinab gerechtfertigt in sein Haus, nicht jener.

Luk. 18,9–14

Lebt, wer im Wohlstand lebt, angenehm?

Und da er hinausging auf den Weg, lief einer herzu, kniete vor ihm nieder und fragte ihn: Guter Meister, was soll ich tun, daß ich das ewige Leben ererbe? Aber Jesus sprach zu ihm: Was heißest du mich gut? Niemand ist gut als allein Gott. Du weißt die Gebote: »Du sollst nicht töten; du sollst nicht ehebrechen; du sollst nicht stehlen; du sollst nicht falsch Zeugnis reden; du sollst niemanden berauben; ehre Vater und Mutter.« Er aber sprach zu ihm: Meister, das habe ich alles gehalten von meiner Jugend auf. Und Jesus sah ihn an und liebte ihn und sprach zu ihm: Eines fehlt dir. Gehe hin, verkaufe alles, was du hast, und gib's den Armen, so wirst du einen Schatz im Himmel haben, und komm, folge mir nach. Er aber ward unmutig über das Wort und ging traurig davon; denn er hatte viele Güter. Und Jesus sah um sich und sprach zu seinen Jüngern: Wie schwer werden die Reichen in das Reich Gottes kommen! Die Jünger aber entsetzten sich über seine Worte. Aber Jesus antwortete wiederum und sprach zu ihnen: Liebe Kinder, wie schwer ist's für die, so ihr Vertrauen auf Reichtum setzen, ins Reich Gottes zu kommen! Es ist leichter, daß ein Kamel durch ein Nadelöhr gehe, als daß ein Reicher ins Reich Gottes komme. Sie entsetzten sich aber noch viel mehr und sprachen: Wer kann dann selig werden?

Mark. 10,17–26

Lohnforderung

Das Himmelreich ist gleich einem Hausvater, der früh am Morgen ausging, Arbeiter zu dingen in seinen Weinberg. Und da er mit den Arbeitern eins ward um einen Silbergroschen zum Tagelohn, sandte er sie in seinen Weinberg. Und ging aus um die dritte Stunde und sah andere an dem Markte müßig stehen und sprach zu ihnen: Gehet ihr auch hin in den Weinberg; ich will euch geben, was recht ist. Und sie gingen hin. Abermals ging er aus um die sechste und neunte Stunde und tat gleich also. Um die elfte Stunde aber ging er aus und fand andere stehen und sprach zu ihnen: Was stehet ihr hier den ganzen Tag müßig? Sie sprachen zu ihm: Es hat uns niemand gedingt. Er sprach zu ihnen: Gehet ihr auch hin in den Weinberg. Da es nun Abend ward, sprach der Herr des Weinbergs zu seinem Verwalter: Rufe die Arbeiter und gib ihnen den Lohn und heb an bei den letzten bis zu den ersten. Da kamen, die um die elfte Stunde gedingt waren, und empfing ein jeglicher seinen Groschen. Da aber die ersten kamen, meinten sie, sie würden mehr empfangen; und sie empfingen auch ein jeglicher seinen Groschen. Und da sie den empfingen, murrten sie wider den Hausvater und sprachen: Diese letzten haben nur *eine* Stunde gearbeitet, und du hast sie uns gleichgemacht, die wir des Tages Last und die Hitze getragen haben. Er antwortete aber und sagte zu einem unter ihnen: Mein Freund, ich tue dir nicht Unrecht. Bist du nicht mit mir eins geworden um einen Groschen? Nimm, was dein ist, und geh! Ich will aber diesem letzten geben gleich wie dir. Habe ich nicht Macht, zu tun, was ich will, mit dem Meinen? Siehest du darum scheel, daß ich so gütig bin? So werden die Letzten die Ersten und die Ersten die Letzten sein.

Matth. 20,1–16

Razzia

Und sie kamen nach Jerusalem. Und Jesus ging in den Tempel und fing an auszutreiben die Verkäufer und Käufer im Tempel; und die Tische der Wechsler und die Stühle der Taubenkrämer stieß er um und ließ nicht zu, daß jemand etwas durch den Tempel trüge. Und er lehrte und sprach zu ihnen: Steht nicht geschrieben: »Mein Haus soll heißen ein Bethaus allen Völkern«? Ihr aber habt eine Räuberhöhle daraus gemacht.

Mark. 11,15-17

Theorie und Praxis

Was dünkt euch aber? Es hatte ein Mann zwei Söhne und ging zu dem ersten und sprach: Mein Sohn, gehe hin und arbeite heute im Weinberge. Er antwortete aber und sprach: Ja, Herr! und ging nicht hin. Und er ging zu dem anderen und sprach gleich also. Der antwortete aber und sprach: Ich will's nicht tun. Danach reute es ihn, und er ging hin. Welcher unter den zweien hat des Vaters Willen getan? Sie sprachen: Der letzte. Jesus sprach zu ihnen: Wahrlich, ich sage euch: Die Zöllner und Huren mögen wohl eher ins Reich Gottes kommen als ihr. Johannes kam zu euch und lehrte euch den rechten Weg, und ihr glaubtet ihm nicht; aber die Zöllner und Huren glaubten ihm. Und ob ihr's wohl sahet, tatet ihr dennoch nicht Buße, daß ihr ihm danach auch geglaubt hättet.

Matth. 21,29–32

Die Bergpredigt

Da er aber das Volk sah, ging er auf einen Berg und setzte sich; und seine Jünger traten zu ihm. Und er tat seinen Mund auf, lehrte sie und sprach:

Selig sind, die da geistlich arm sind; denn das Himmelreich ist ihr.

Selig sind, die da Leid tragen; denn sie sollen getröstet werden.

Selig sind die Sanftmütigen; denn sie werden das Erdreich besitzen.

Selig sind, die da hungert und dürstet nach der Gerechtigkeit; denn sie sollen satt werden.

Selig sind die Barmherzigen; denn

sie werden Barmherzigkeit erlangen.

Selig sind, die reines Herzens sind; denn sie werden Gott schauen.

Selig sind die Friedfertigen; denn sie werden Gottes Kinder heißen.

Selig sind, die um Gerechtigkeit willen verfolgt werden; denn das Himmelreich ist ihr.

Selig seid ihr, wenn euch die Menschen um meinetwillen schmähen und verfolgen und reden allerlei Übles wider euch, so sie daran lügen. Seid fröhlich und getrost; es wird euch im Himmel wohl belohnt werden. Denn also haben sie verfolgt die Propheten, die vor euch gewesen sind.

Ihr seid das Salz der Erde. Wenn nun das Salz kraftlos wird, womit soll man's salzen? Es ist zu nichts hinfort nütze, denn daß man es hinausschütte und lasse es die Leute zertreten.

Ihr seid das Licht der Welt. Es kann die Stadt, die auf einem Berge liegt, nicht verborgen sein. Man zündet auch nicht ein Licht an und setzt es unter einen Scheffel, sondern auf einen Leuchter; so leuchtet es allen, die im Hause sind. So soll euer Licht leuchten vor den Leuten, daß sie eure guten Werke sehen und euren Vater im Himmel preisen.

Ihr sollt nicht wähnen, daß ich gekommen bin, das Gesetz oder die Propheten aufzulösen; ich bin nicht gekommen aufzulösen, sondern zu erfüllen. Denn ich sage euch wahrlich: Bis daß Himmel und Erde vergehe, wird nicht vergehen der kleinste Buchstabe noch ein Tüpfelchen vom Gesetz, bis daß es alles geschehe. Wer nun eines von diesen kleinsten Geboten auflöst und lehrt die Leute so, der wird der Kleinste heißen im Himmelreich; wer es aber tut und lehrt, der wird groß heißen im Himmelreich.

Denn ich sage euch: Es sei denn eure Gerechtigkeit besser als die der Schriftgelehrten und Pharisäer, so werdet ihr nicht in das Himmelreich kommen.

Ihr habt gehört, daß zu den Alten gesagt ist: »Du sollst nicht töten; wer aber tötet, der soll des Gerichts schuldig sein.« Ich aber sage euch: Wer mit seinem Bruder zürnt, der ist des Gerichts schuldig; wer aber zu seinem

Bruder sagt: Du Nichtsnutz! der ist des Hohen Rats schuldig; wer aber sagt: Du gottloser Narr! der ist des höllischen Feuers schuldig. Darum: wenn du deine Gabe auf dem Altar opferst und wirst allda eingedenk, daß dein Bruder etwas wider dich habe, so laß allda vor dem Altar deine Gabe und gehe zuvor hin und versöhne dich mit deinem Bruder und alsdann komm und opfere deine Gabe. Sei willfährig deinem Widersacher bald, solange du noch mit ihm auf dem Wege bist, auf daß dich der Widersacher nicht überantworte dem Richter und der Richter dem Diener und werdest in den Kerker geworfen. Wahrlich, ich sage dir: Du wirst nicht von dannen herauskommen, bis du auch den letzten Heller bezahlest.

Ihr habt gehört, daß gesagt ist: »Du sollst nicht ehebrechen.« Ich aber sage euch: Wer eine Frau ansieht, ihrer zu begehren, der hat schon mit ihr die Ehe gebrochen in seinem Herzen. Wenn dir aber dein rechtes Auge Ärgernis schafft, so reiß es aus und wirf's von dir. Es ist dir besser, daß eins deiner Glieder verderbe und nicht der ganze Leib in die Hölle geworfen werde.

Wenn dir deine rechte Hand Ärgernis schafft, so haue sie ab und wirf sie von dir. Es ist dir besser, daß eins deiner Glieder verderbe und nicht der ganze Leib in die Hölle fahre.

Es ist auch gesagt: »Wer sich von seiner Frau scheidet, der soll ihr geben einen Scheidebrief.« Ich aber sage euch: Wer sich von seiner Frau scheidet, es sei denn wegen Ehebruchs, der macht, daß sie die Ehe bricht; und wer eine Geschiedene freit, der bricht die Ehe. Ihr habt weiter gehört, daß zu den Alten gesagt ist: »Du sollst keinen falschen Eid tun und sollst Gott deinen Eid halten.« Ich aber sage euch, daß ihr überhaupt nicht schwören sollt, weder bei dem Himmel, denn er ist Gottes Thron; noch bei der Erde, denn sie ist seiner Füße Schemel; noch bei Jerusalem, denn sie ist des großen Königs Stadt. Auch sollst du nicht bei deinem Haupt schwören; denn du vermagst nicht ein einziges Haar weiß oder schwarz zu machen. Eure Rede aber sei: Ja, ja; nein, nein. Was darüber ist, das ist vom Übel.

Ihr habt gehört, daß da gesagt ist: »Auge um Auge, Zahn um Zahn.« Ich aber sage euch, daß ihr nicht widerstreben sollt dem Übel; sondern, wenn dir jemand einen Streich gibt auf deine rechte Backe, dem biete die andere auch dar. Und wenn jemand mit dir rechten will und deinen Rock nehmen, dem laß auch den Mantel. Und wenn dich jemand nötigt eine Meile, so gehe mit ihm zwei. Gib dem, der dich bittet, und wende dich nicht von dem, der dir abborgen will.

Ihr habt gehört, daß gesagt ist: »Du sollst deinen Nächsten lieben und deinen Feind hassen.« Ich aber sage euch: Liebet eure Feinde; segnet, die euch fluchen; tut wohl denen, die euch hassen; bittet für die, so euch beleidigen und verfolgen, auf daß ihr Kinder seid eures Vaters im Himmel. Denn er läßt seine Sonne aufgehen über die Bösen und über die Guten und läßt regnen über Gerechte und Ungerechte. Denn wenn ihr liebet, die euch lieben, was werdet ihr für Lohn haben? Tun nicht dasselbe auch die Zöllner? Und wenn ihr nur zu euren Brüdern freundlich seid, was tut ihr Sonderliches? Tun nicht dasselbe auch die Heiden? Darum sollt ihr vollkommen sein, gleichwie euer Vater im Himmel vollkommen ist.

Habt acht auf eure Frömmigkeit, daß ihr die nicht übt vor den Leuten, auf daß ihr von ihnen gesehen werdet; ihr habt sonst keinen Lohn bei eurem Vater im Himmel.

Wenn du nun Almosen gibst, sollst du nicht lassen vor dir posaunen, wie die Heuchler tun in den Synagogen und auf den Gassen, auf daß sie von den Leuten gepriesen werden. Wahrlich, ich sage euch: Sie haben ihren Lohn dahin. Wenn du aber Almosen gibst, so laß deine linke Hand nicht wissen, was die rechte tut, auf daß dein Almosen verborgen sei; und dein Vater, der in das Verborgene sieht, wird dir's vergelten.

Und wenn ihr betet, sollt ihr nicht sein wie die Heuchler, die da gerne stehen und beten in den Synagogen und an den Ecken auf den Gassen, auf daß sie von den Leuten gesehen werden. Wahrlich, ich sage euch: Sie haben ihren Lohn dahin. Wenn du aber betest, so gehe in dein Kämmerlein und schließ die Tür zu und bete zu deinem Vater, der im Verborgenen ist; und dein

Vater, der in das Verborgene sieht, wird dir's vergelten. Und wenn ihr betet, sollt ihr nicht viel plappern wie die Heiden; denn sie meinen, sie werden erhöret, wenn sie viel Worte machen. Darum sollt ihr ihnen nicht gleichen. Euer Vater weiß, was ihr bedürfet, ehe denn ihr ihn bittet. Darum sollt ihr also beten:

Unser Vater in dem Himmel!
Dein Name werde geheiligt.
Dein Reich komme.
Dein Wille geschehe auf Erden wie
im Himmel.
Unser täglich Brot gib uns heute.
Und vergib uns unsere Schuld, wie
wir vergeben unsern Schuldigern.
Und führe uns nicht in Versuchung,
sondern erlöse uns von dem Übel.

Denn wenn ihr den Menschen ihre Übertretungen vergebet, so wird euch euer himmlischer Vater auch vergeben. Wenn ihr aber den Menschen nicht vergebet, so wird euch euer Vater eure Übertretungen auch nicht vergeben.

Wenn ihr fastet, sollt ihr nicht sauer sehen wie die Heuchler; denn sie verstellen ihr Angesicht, auf daß sie vor den Leuten etwas scheinen mit ihrem Fasten. Wahrlich, ich sage euch: Sie haben ihren Lohn dahin. Wenn du aber fastest, so salbe dein Haupt und wasche dein Angesicht, auf daß du nicht scheinest vor den Leuten mit deinem Fasten, sondern vor deinem Vater, welcher im Verborgenen ist; und dein Vater, der in das Verborgene sieht, wird dir's vergelten.

Ihr sollt euch nicht Schätze sammeln auf Erden, wo sie die Motten und der Rost fressen und wo die Diebe nachgraben und stehlen. Sammelt euch aber Schätze im Himmel, wo sie weder Motten noch Rost fressen und wo die Diebe nicht nachgraben noch stehlen. Denn wo euer Schatz ist, da ist auch euer Herz.

Das Auge ist des Leibes Leuchte. Wenn dein Auge lauter ist, so wird dein ganzer Leib licht sein. Wenn aber dein Auge böse ist, so wird dein ganzer Leib finster sein. Wenn nun das Licht, das in dir ist, Finsternis ist, wie groß wird dann die Finsternis sein!

Niemand kann zwei Herren dienen: entweder er wird den einen hassen und den andern lieben, oder er wird dem einen anhangen und den andern verachten. Ihr könnt nicht Gott dienen und dem Mammon. Darum sage ich euch: Sorget nicht um euer Leben, was ihr essen und trinken werdet; auch nicht um euren Leib, was ihr anziehen werdet. Ist nicht das Leben mehr als die Speise und der Leib mehr als die Kleidung? Sehet die Vögel unter dem Himmel an: sie säen nicht, sie ernten nicht, sie sammeln nicht in die Scheunen; und euer himmlischer Vater nährt sie doch. Seid ihr denn nicht viel mehr als sie? Wer ist unter euch, der seines Lebens Länge *eine* Spanne zusetzen kann, ob er gleich darum sorget? Und warum sorget ihr für die Kleidung? Schauet die Lilien auf dem Felde, wie sie wachsen: sie arbeiten nicht, auch spinnen sie nicht. Ich sage euch, daß auch Salomo in aller seiner Herrlichkeit nicht bekleidet gewesen ist wie derselben *eine.* So denn Gott das Gras auf dem Felde also kleidet, das doch heute steht und morgen in den Ofen geworfen wird: sollte er das nicht viel mehr euch tun, o ihr Kleingläubigen? Darum sollt ihr nicht sorgen und sagen: Was werden wir essen? Was werden wir trinken? Womit werden wir uns kleiden? Nach solchem allen trachten die Heiden. Denn euer himmlischer Vater weiß, daß ihr des alles bedürfet. Trachtet am ersten nach dem Reich Gottes und nach seiner Gerechtigkeit, so wird euch solches alles zufallen. Darum sorget nicht für den andern Morgen, denn der morgende Tag wird für das Seine sorgen. Es ist genug, daß ein jeglicher Tag seine eigene Plage habe.

Richtet nicht, auf daß ihr nicht gerichtet werdet. Denn mit welcherlei Gericht ihr richtet, werdet ihr gerichtet werden; und mit welcherlei Maß ihr messet, wird euch gemessen werden. Was siehest du aber den Splitter in deines Bruders Auge und wirst nicht gewahr des Balkens in deinem Auge? Oder wie darfst du sagen zu deinem Bruder: Halt, ich will dir den Splitter aus deinem Auge ziehen? Und siehe, ein Balken ist in deinem Auge. Du Heuchler, zieh zuerst den Balken aus deinem Auge; danach sieh zu, wie du den Splitter aus deines Bruders Auge ziehest.

Ihr sollt das Heilige nicht den Hunden geben, und eure Perlen sollt ihr nicht vor die Säue werfen, auf daß sie dieselben nicht zertreten mit ihren

Füßen und sich wenden und euch zerreißen.

Bittet, so wird euch gegeben; suchet, so werdet ihr finden; klopfet an, so wird euch aufgetan. Denn wer da bittet, der empfängt; und wer da sucht, der findet; und wer da anklopft, dem wird aufgetan. Welcher ist unter euch Menschen, so ihn sein Sohn bittet ums Brot, der ihm einen Stein biete? oder, so er ihn bittet um einen Fisch, der ihm eine Schlange biete? So nun ihr, die ihr doch arg seid, könnt dennoch euren Kindern gute Gaben geben, wieviel mehr wird euer Vater im Himmel Gutes geben denen, die ihn bitten.

Alles nun, was ihr wollt, daß euch die Leute tun sollen, das tut ihnen auch! Das ist das Gesetz und die Propheten.

Geht ein durch die enge Pforte. Denn die Pforte ist weit, und der Weg ist breit, der zur Verdammnis führt, und ihrer sind viele, die darauf wandeln. Und die Pforte ist eng, und der Weg ist schmal, der zum Leben führt, und wenige sind ihrer, die ihn finden.

Sehet euch vor vor den falschen Propheten, die in Schafskleidern zu euch kommen, inwendig aber sind sie reißende Wölfe. An ihren Früchten sollt ihr sie erkennen. Kann man auch Trauben lesen von den Dornen oder Feigen von den Disteln? Also ein jeglicher guter Baum bringt gute Früchte; aber ein fauler Baum bringt arge Früchte.

Ein guter Baum kann nicht arge

Früchte bringen, und ein fauler Baum kann nicht gute Früchte bringen. Ein jeglicher Baum, der nicht gute Früchte bringt, wird abgehauen und ins Feuer geworfen. Darum: an ihren Früchten sollt ihr sie erkennen.

Es werden nicht alle, die zu mir sagen: Herr, Herr! in das Himmelreich kommen, sondern die den Willen tun meines Vaters im Himmel. Es werden viele zu mir sagen an jenem Tage: Herr, Herr, haben wir nicht in deinem Namen geweissagt? Haben wir nicht in deinem Namen böse Geister ausgetrieben? Haben wir nicht in deinem Namen viele Taten getan? Dann werde ich ihnen bekennen: Ich habe euch nie gekannt; weichet von mir, ihr Übeltäter!

Darum, wer diese meine Rede hört und tut sie, der gleicht einem klugen

Mann, der sein Haus auf den Felsen baute. Da nun ein Platzregen fiel und die Wasser kamen und wehten die Winde und stießen an das Haus, fiel es doch nicht; denn es war auf den Felsen gegründet. Und wer diese meine Rede hört und tut sie nicht, der ist einem törichten Mann gleich, der sein Haus auf den Sand baute. Da nun ein Platzregen fiel und kamen die Wasser und wehten die Winde und stießen an das Haus, da fiel es und tat einen großen Fall.

Und es begab sich, da Jesus diese Rede vollendet hatte, entsetzte sich das Volk über seine Lehre; denn er lehrte mit Vollmacht und nicht wie ihre Schriftgelehrten.

Matth. 5-7

Kleine Diogenes Taschenbücher

Die Bergpredigt
Aktuelle Texte aus dem Neuen Testament. Ausgewählt von Christian Strich. Mit einem Vorwort von H.G. Wells

Albert Camus
Weder Opfer noch Henker. Über eine neue Weltordnung. Mit einem Nachwort von Heinz Robert Schlette und einem Beitrag von Hans Mayer

Anton Čechov
Die Dame mit dem Hündchen. Zwei Erzählungen

Luciano De Crescenzo
Sokrates. Sein Leben und Denken

Friedrich Dürrenmatt
Die Panne. Eine noch mögliche Geschichte

Albert Einstein & Sigmund Freud
Warum Krieg? Ein Briefwechsel. Mit einem Essay von Isaac Asimov

Epikur
Über das Glück. Ausgewählte Texte. Vorwort von Ludwig Marcuse

Hermann Hesse
Gedichte. Ausgewählt von Christian Strich. Mit einem Essay des Autors über Gedichte. Mit einem Nachwort von Maria Nils

Patricia Highsmith
Drei Katzengeschichten

Hildegard von Bingen
Lieder. Zweisprachige Ausgabe lateinisch/deutsch. Ausgewählt von Silvia Sager. Vorwort von Walter Nigg

I Ging

Das Buch der Wandlungen. Herausgegeben von Thomas Cleary

Franz Kafka

Die Verwandlung. Erzählung

Brief an den Vater. Mit einem Vorwort von Max Brod

Immanuel Kant

Deines Lebens Sinn. Herausgegeben und mit einem Vorwort von Wolfgang Kraus

Lao Tse

Tao-Te-King. Mit einem Nachwort von Knut Walf

Die schönsten deutschen Liebesgedichte

Ausgewählt von Christian Strich

W. Somerset Maugham

Die Leidenschaft des Missionars. Erzählung

Mohammed

Die Stimme des Propheten Herausgegeben und Vorwort von Wolfgang Kraus

Michel de Montaigne

Um recht zu leben. Aus den Essais. Mit einem Vorwort von Egon Friedell

Christian Morgenstern

Galgenlieder. Ausgewählt von Christian Strich

Salomo

Weinen hat seine Zeit, Lachen hat seine Zeit. Die großen Dichtungen des König Salomo. Vorwort von Ludwig Marcuse

Patrick Süskind

Drei Geschichten

Susanna Tamaro

Eine Kindheit. Erzählung

Henry David Thoreau

Über die Pflicht zum Ungehorsam gegen den Staat. Mit einem Nachwort von Manfred Allié